هيكل والإسلاميون (*)

I0447135

بقلم / ممدوح الشيخ

الكتاب: هيكل والإسلاميون.

المؤلف: ممدوح الشيخ.

المؤلف:

ممدوح الشيخ

مفكر

نشر له مئات المقالات والدراسات في عشرات الدوريات العربية.

صدر له أكثر من عشرين مؤلفاً في القاهرة وبيروت ومسقط.

نال جوائز مصرية وعربية في الشعر والمسرح والرواية.

هيكل والإسلاميون   ممدوح الشيخ

هيكل والإسلاميون   ممدوح الشيخ

عن هيكل...

ولد الكاتب ذي الشهرة الأسطورية محمد حسنين هيكل 23 ديسمبر 1923، وفي 1942 بدأ اشتغاله بالصحافة وفي 1951 صدر كتابه الأول

"إيران فوق بركان"، بعد رحلة إلى إيران استغرقت شهراً كاملاً.

ومع انقلاب يوليو 1952 أصبح محمد حسنين هيكل من علامات المشهد السياسي. وفي 1957 دخل هيكل مؤسسة الأهرام ليبدأ الفصل الأكثر أهمية في حياته. وخلال مشواره أصدر الكثير من المؤلفات التي صنعت شهرته المدوية. وفي 1970 تم تعيينه وزيراً للإعلام.

في فبراير 1974 أصدر الرئيس المصري أنور السادات قراراً بنقل محمد حسنين هيكل من صحيفة الأهرام إلى وظيفة مستشار لرئيس الجمهورية، واعتذر هيكل ليتفرغ للتأليف، منتجاً عشرات المؤلفات التي ترجم كثير منها إلى أكثر من 30 لغة.

وهذه الورقة كتبت بطلب من جريدة الشرق القطرية في 1998 ضمن ملف عنوانه "هيكل الحقيقة والأسطورة". ورغم أن مياهاً كثيرة جرت في النهر، وبخاصة بعد الصعود الكبير للإسلاميين عقب ثورات الربيع العربي، إلا أن النص هنا منشور دون تعديل، ربما باستثناء تصحيحات لغوية وتدخلات تحريرية محدودة.

ممدوح الشيخ

هيكل والإسلاميون   ممدوح الشيخ

منذ عقدين تقريباً تشهد الساحة الفكرية العربية ـ وبخاصة الساحة المصرية ـ حالة فكرية مهمة من المراجعة الفكرية العميقة بين المفكرين لموقفهم من الإسلام **"الدين"** والحركة الإسلامية **"الدعوة"** ويمثل موقف المستشار البشري والدكتور عبد الوهاب المسيري والدكتور محمد عمارة وآخرين[1].

علامات على هذا الاتجاه لها دلالاتها العميقة، كما تمثل كتابات الدكتور زكي نجيب محمود في مرحلة متأخرة من حياته وجها آخر

لهذه الظاهرة. وتعود جذور الظاهرة إلى الفترة التي أعقبت ثورة 1919 وصدور دستور 1923، وهي الفترة التي تبلور فيها للمرة الأولى في مصر تيار وطني "علماني".

ومع ظهور المشروع الصهيوني أصبحت قضية الهوية تطرح نفسها بشدة على الجميع مفكرين وسياسيين، وبقدر ما تشعبت الطرق بالمحللين في محاولتهم تفسير ظاهرة **"المد الإسلامي"** بين أسباب نفسية واقتصادية وطبقية وتفسيرات تآمرية، تأرجحت المواقف من الظاهرة بين:

الاستعداد لقبولها

الدعوة لاستبعادها

التحريض على استئصالها

ومحاولة ترشيدها.

وكان بين هذه المواقف من لجأ إلى المراوغة حيناً والتجاهل أحياناً.

وبين هذه النقائض لم يخل الأمر من مراوحة بين مغازلات وتهجمات، وفي هذا الإطار يمكن وضع رؤية الأستاذ محمد حسنين هيكل.

هيكل والإسلاميون   ممدوح الشيخ

الدين "المستنير" والهوية

قبل التعرض لرؤية هيكل للإسلاميين نتعرض لرؤيته للدين، ففي حوار معه[2] سئل عن تأثير نكسة 1967 في الإسلاميين فقال ما نصه:

"كل أمة تواجه صدمة تضطر إلى العودة إلى تراثها للتزود به في مواجهة هذه الصدمة. وقد قلت للرئيس عبد الناصر إن أي شعب في

مثل حركة الماء عندما تواجه سداً ترتد إلى الوراء، وأعتقد أنه يجب أن نعود إلى الدين المستنير لأن الشعب يحتاج إلى العزاء. وقد بدأت الأهرام في ذلك الوقت العودة إلى التاريخ والدين المستنير، ودعونا أساتذة الجامعة للحديث عن التاريخ العريق والتراث الحضاري الضخم لمصر وذلك بهدف الاسترجاع . ولكن رغم أننا دعونا إلى الدين ظهرت دعاوى مضادة للشعوذة والسحر وذلك يحدث دائماً عندما يتأزم الفكر في موقف ما".

وفي هذه العبارة عدة مفاجآت:

أولها: أن الدين والتاريخ عند هيكل يوضعان في سلة واحدة، وهي مشكلة معرفية عميقة تتسم بها كل كتابات هيكل عن الإسلاميين

وتقييمه لاجتهاداتهم، فالإسلام ي تصور هذا التيار ليس "**تاريخياً**" بل إعادة تأسيس معرفية شاملة مفارقة للتاريخ، فهو ليس جزءاً منه، وليس نتاج عوامله المعروفة من تطور أو صراع أو غير ذلك.

<u>**ثانيها:**</u> وهي مفاجأة فهي تصريحه بأنه دعا عبد الناصر إلى العودة إلى الدين المستنير، ومفهوم العودة يعني ضمناً أن ثمة "**ابتعاداً**" يسبق العودة. وهو هنا يتحدث عن "**الدين المستنير**" وليس "**الدين الظلامي**" (كما يذهب المفكرون العلمانيون في توصيفاتهم الدعائية).

فهل نفهم من ذلك أن هيكل والنظام كانا في حالة قطيعة مع الدين المستنير والتاريخ؟

وثالث المفاجآت التبرير الذي ساقه هيكل بين يدي اقتراحه وهو أن الشعب يحتاج إلى العزاء، فهذه العبارة تكشف عن بقية ملامح الصورة.

فالدين عند محمد حسنين هيكل جزء من الموروث مع التاريخ والفولكلور في سلة واحدة وهو سلاح مناسب في **"معركة التعزية"**، وكأن طبيعة هيكل المراوغة هي وحدها التي منعته من إطلاق الشعار المعروف **"الدين أفيون الشعوب"**!

حيث الدين وسيلة للهروب من الواقع، وهو بهذا المعنى ليس مستنيرا على الإطلاق.

محطة أتاتورك

كتب محمد حسنين هيكل مقالاً عنوانه: "**أتاتورك – جورباتشوف – السادات: لماذا تتحول الأحلام إلى نوع من الفوضى؟**" نشرته جريدة "**يوميوري تشمبيون**" اليابانية ونقلته جريدة الأسبوع المصرية(3) وتدور فكرته حول

الأفكار التي يبدأ تطبيقها في الوقت المناسب وتؤدي إلى الفشل بسبب التطبيق الخاطئ.

وفي حديثه عن أتاتورك تتضح أكثر ملامح رؤيته لقضية "**الهوية**"، وفي القلب منها رؤيته للدين، فالفكرة التي طبقها أتاتورك كانت في أوانها فالخلافة العثمانية حسب محمد حسنين هيكل:

"وصلت إلى طريق مسدود بعد الحرب العالمية الأولى وأعباء الإمبراطورية تجاوزت طاقة الدولة التركية، ومن ثم فإن على تركيا أن تعطي نفسها بداية جديدة تتخلص بها من أثقال القرن الماضي وتلحق بالقرن العشرين، وهو ما زال بعد في أوله. والشواهد توحي بأن التفوق فيه لقيم الحضارة الأوروبية".

ويضيف هيكل:

"إن كمال أتاتورك بدأ فكرته عن التحديث بإلغاء الخلافة التي كانت تعطي للإمبراطورية ولاية من نوع خاص على أرض الإسلام، ورغم أن الولاية الخاصة كانت تعطي تركيا ميزة كبرى، فإن تصرف أتاتورك بدا مفهوماً، ثم قام أتاتورك بفصل الدين عن الدولة. ورغم أن السلطة في الإسلام بطبيعتها زمنية أي مدنية فإن هذا أيضا كان مما يمكن فهمه بسبب الالتباس الذي أصاب مفهوم الخلافة الإسلامية، عندما دخلت مرحلة الانهيار وحاول تقوية سلطان الدنيا بسلطان الدين. ولكن كمال أتاتورك تجاوز ذلك إلى محاولة جعل تركيا جزءاً من أوروبا، وهنا وقع كمال أتاتورك في خطأين:

الأول: هو وضع السياسة في تناقض مع الجغرافيا، وهي حاكمة بأن الجزء الأكبر من تركيا آسيوي ـ وأحكام الجغرافيا لا تتقرر بقانون مهما كانت عقوباته ـ .

الآخر: هو وضع السياسة في تناقض مع التاريخ، والثقافة هي أهم آثاره. وليس في مقدور أي كيان أن يغير ثقافته ويلتحق بثقافة أخرى لمجرد أن ذلك يبدو أقرب إلى تصورات الحداثة".

وبعد عرض مركز لجوانب من تجربة أتاتورك يقول:

"إن فكرة أتاتورك لتحديث تركيا اصطدمت بعد الفهم الكافي لحقيقة أن تجديد شباب أمة واستعادة حيويتها يكمن في قدرتها

على استيعاب حقائق الجغرافيا والتاريخ
ووضعهما على طريق يتسق مع ضرورات
التجديد والتحديث، بحيث لا يتصادم عقل هذه
الأمة وثقافتها مع تطلعاتها ورؤى مستقبله،
وبحيث لا يضيع هذا المستقبل بين موروث
طبيعي وإنساني يصعب إنكاره وجديد مستقبلي
تكلف دبابات الجيش باستمرار فرضه".

وتتضح بهذا الجزء من مقاله المشار إليه
ملامح الصورة أكثر فأكثر، فنحن أمام رؤية
علمانية توفيقية شكلاً ومضموناً. فهناك محددات
للهوية:

تاريخ

جغرافيا

ثقافة

موروث طبيعي إنساني.

وجميعها مفاهيم مادية تاريخية لا يحتاج فهمها إلى شيء خارج إطار المادة. وهنا تظهر أولى المشكلات وأعقدها في رؤية هيكل. فوضع الإسلام ضمن سلة الموروث أمر لا يقبله الإسلاميون منطلقاً مقبولاً. ذلك أن الإسلام حقيقة **"لا تاريخية" "لا مادية"**، ووضعه ضمن **"الإنساني"** جزء من رؤية علمانية متكاملة نقطة ارتكازها **"أنسنة المقدس"** أي تحويله إلى مفهوم بشري، وهو رافد توفيقي يحاول اتخاذ موقف وسط بين معاداة الدين والانقياد له.

وفي هذا السياق يشار إلى إشكاليات التصنيف الناتجة عن المنظور الذي يتبناه هيكل، فهو يضع مفهوم السلطة في الإسلام ضمن حدود

التصنيف التي يعرفها علم الاجتماع السياسي الغربي فهي **"زمنية أي مدنية"**، وهو سقوط في فخ المعرفية الرؤية الغربية حيث تنقسم السلطة إلى **"دينية ثيوقراطية"** و **"مدنية زمنية"** وينطوي هذا التصور على أخطاء أهمها:

أولاً: أن الحكم على شكل سلطة ما بانتمائها إلى نمط معين يحتاج إلى معرفة مصدر المشروعية فيها، والدور الذي تقوم به هذه السلطة، وثوابت القانون الذي تحكم به. وعند النظر إلى مفهوم السلطة في الإسلام بناء على هذا نجد أنه يختلف تماما عن السلطة التي عرفها الغرب في تاريخه، حيث يمكن وصف الأخيرة بشكل أكثر دقة بأنها سلطة دينية كهنوتية قامت على احتكار الخلاص والعصمة والوساطة بين الله والإنسان.

أما مصدر المشروعية فهو واحد وهو الحكم وفق أحكام الدين، وإن كان مفهوم الخلافة عن الله متمايزا عن هذا التصور.

ثانياً: أن السلطة المدنية تتأسس على إنكار أية مطلقات دينية أو أخلاقية أو على الأقل تنكر عليها أي دور في الاجتماع السياسي والحراك الاجتماعي، حيث الدين مجرد **"فرض"** لتفسير الوجود البشري أو بعض ظواهره يحق لمن يشاء أن يقتنع بها أو لا يقتنع.

أما الدولة وقانونها فظاهرتان بشريتان تماما تقومان على التواطؤ والتراضي من خلال وسائل إجرائية تحسم كل شيء.

<u>ثالثاً:</u> علق هيكل على أفعال تاتورك على النحو التالي:

إلغاء الخلافة **"بدا مفهوماً"** و **"كان مما يمكن فهمه"**. وعند التعرض لأفعال أتاتورك التي يظهر من السياق بوضوح تام أنه يرفضها (القبعة – الحروف اللاتينية – محاربة الدين) قال:

"إن تحديث وطن يصعب أن يتم بمجرد استبدال. . . .."،

و **"ليس في مقدور أي كيان أن يغير ثقافته"**.

وهكذا تتأرجح التقييمات بين ما يمكن فهمه وما يصعب تنفيذه . . . وهكذا أما ما يمكن إقراره **"أخلاقياً"** وما يجب فعله **"معيارياً"** فلا مكان له في تقييم هيكل.

<u>رابعاً:</u> عندما تعرَّض هيكل لما يعتبره محددات لا سبيل للقفز عليها تحدث عن الجغرافيا

والتاريخ وركز على كون تركيا "آسيوية"، دون أن يحدد ما يعنيه ذلك، ففي هذه القارة الشاسعة رؤى حضارية متعددة كلها يصعب أن تصبح جزءاً من الحضارة الأوروبية التي اختار عمداً أن يصفها بأنها "أوروبية" حتى يجعل الجغرافيا العامل الحاسم.

فإلى أي تشكيل حضاري آسيوي تنتمي تركيا؟

دائرة حضارة الكانجي (الصين واليابان)؟

أم الدائرة الهندوكية؟

أم. . . . ؟

إن الأرض بغير شك تحتضن الحضارة والثقافة بدع أن تعبر مرحلة التشكل، وقد تؤثر فيها – ضمن عوامل أخرى عديدة في تشكلها – لكنها لا

تفرزها، وإلا سقطنا مع هيكل في المفهوم العنصري القائم على الأرض والعرق، وهو مفهوم عفا عليه الزمن، وأصبح حتى في التربة التي أنبتته من مخلفات الماضي.

خامساً: التمس هيكل لأتاتورك العذر في رغبته في اللحاق بالقرن العشرين، وهنا يأتي خلل عميق آخر بين الإسلاميين – بل بين معظم الوطنيين – وهيكل حيث التاريخ لا يسير في خط مستقيم يسبقنا فيه الغرب وعلينا اللحاق به.

وأخطر ما يترتب على الإيمان بمقولة **"اللحاق"** اللجوء إلى الإصلاح بالهدم ويعد أتاتورك أكثر أمثلة هذا النهج شهرة ومأساوية أيضاً!.

وفي هذه القضية بالذات يعاني هيكل ما يعانيه كل العلمانيين التوفيقيين في العالم العربي من تمزق بين الرغبة في الحفاظ على الثقافة الوطنية والتواؤم مع التاريخ والجغرافيا، وبين الذوبان في الآخر وقبول قيم المنتصر.

<u>هيكل والإخوان</u>

إذا سرنا مع التسلسل التاريخي لرؤية هيكل للإسلاميين، أصبحنا أمام محطة **"الإخوان المسلمين"** تلك الحركة التي نشأت في مصر بعد قليل من إلغاء الخلافة على يد مصطفى كمال أتاتورك.

وللإخوان المسلمين أهمية خاصة في فهم رؤية هيكل للإسلاميين وموقفه منهم، فهذه الحركة كانت أهم الجماعات في مصر قبل انقلاب يوليو 1952، وبعده أصبحت أحد أهداف القمع الأمني طوال حقبة عبد الناصر وهي الفترة التي كان هيكل فيها المستشار المؤتمن والمنظر الأكبر، بل الشريك الأساسي لعبد الناصر كما يشهد بذلك كثير من شهود هذه الفترة.

وحسب كتاب عن تاريخ عبد الناصر صدر حديثاً في فرنسا بإشراف الدكتورة هدى جمال عبد الناصر فإن هيكل كان أهم المرشحين لخلافة عبد الناصر، الأمر الذي يقطع بأنه كان جزءاً من النظام الذي خاض مع الإخوان صراعاً مريراً وطويلاً.

يقول هيكل:

"الإسلام السياسي قضية بالغة الخطورة خاصة ونحن نملك موروثاً حضارياً وثقافياً مؤثراً وفعالاً لا نستطيع تحت أي ظرف أن نتصور مستقبلنا بدونه، ولذلك فإنه دون فهم قضية الإخوان سنقع في مشاكل كبيرة".

"القصة تبدأ بعد دستور 1923 الذي كان دستوراً مستنيراً يضع استخدام الدين في موضعه الصحيح، ثم جاء الشيخ حسن البنا في 1928 ولم يكن قانعاً بما حدث، لذلك أسس حركة للشباب تكاد تشبه الكشافة، لكن القدرة التنظيمية الهائلة للبنا مكنته من بناء تيار قوي"(4)

"في بداية الثلاثينات بدأ حزب الوفد يضعف نتيجة معاهدة 1936 وكان هناك صراع بين الوفد والقصر، ولذلك فكر بعض الأذكياء في القصر في طرح فكرة الإخوان المسلمين كبديل، حيث تتمكن قوة الفكرة من مواجهة قوة الوفد في الشارع المصري حتى تضعف وتضمحل. وكان ذلك أول تحول رئيسي للإخوان لدخول المعترك السياسي. ثم جاء التحول الثاني بإنشاء التنظيم الخاص للإخوان الذي كان مسلحاً وسرياً، ويقال إنهم أنشأوا هذا التنظيم لمقاومة الإنجليز، لكن الواقع أن هذا التنظيم بدأ عمله داخل الدولة لأن خلال الفترة 45 – 1948 قام التنظيم بإلقاء القنابل داخل دور السينما على سبيل المثال".

"ودخل الإخوان معارك لا يحتملونها، فقد خاضوا صراعاً مع الدولة مما جعل النقراشي رئيس الوزراء وقتها يصدر قراراً بحل الإخوان المسلمون، وكان ذلك أثناء حرب فلسطين، والغريب أن القرار صدر أثناء مشاركة الإخوان في الحرب التي أبلوا فيها بلاء حسناً".

ويضيف محمد حسنين هيكل:

"حدثت الثورة وانتهى الفراغ السياسي وهنا لابد من وقفة، فأثناء حرب فلسطين اقترب من حركة الإخوان المسلمون بعض الضباط الأحرار . . . . . وكان هناك نوع من التعاطف مع الإخوان. بعد حدوث الثورة بدأ الإخوان يشعرون أن لهم ضلعاً في الثورة

وأنهم إذا لم يكونوا قد استطاعوا الوصول للسلطة بقواهم الذاتية رغم أنهم حاولوا مراراً، عن طريق الدعوة أحياناً وعن طريق العنف أحياناً أخرى، لكن كل محاولاتهم باءت بالفشل".

"ووجد الإخوان أن هناك قوة آتية تربطهم بها صلات قديمة قد تكون مدخلا إلى السلطة. وفي هذه الفترة وقع حادث المنشية، وكما تحركت الدولة بعنف وشدة في المرة الأولى وقتلت حسن البنا تحركت أيضا بعنف وشدة للمرة الثانية للتصدي لحادث المنشية"

وفي تقييمه لغياب التعددية بعد يوليو 1952 يقول هيكل:

"لابد أن نفرق أولا بين الدين والسياسة
ولو حدث صدام بين الإخوان والثورة فقد
نستطيع أن نحكم أن هناك خطأ متبادلاً، لكن
قبل الثورة اصطدم الإخوان مع النظام الليبرالي
رغم أنه كان صديقا لهم. وحتى الآن هناك
صدام بين الإخوان والعهود الثلاثة التالية مع
اختلاف الاتجاهات، أي أنه منذ 36 إلى الآن
أكثر من 60 سنة، معنى هذا أن التنظيم تصادم
مع كل نظام في مصر لأنهم يتصوروا
(يتصورون) أن "الإسلام هو الحل"، في حين
أن الحل لا يمكن أن يكون بعيداً عن الدين ولكن
بالعقل. يتضح من ذلك أن ظاهرة اختلاف
"الإخوان المسلمون" مع السلطة ليست

مقصورة على الثورة فقط، وذلك لا يعني أنني أدين ''الإخوان المسلمون''''.

وعن استخدام العنف ضد الإخوان يقول هيكل في الحوار نفسه:

"للأسف الشديد، كنت دائماً أقول إنه ليس هناك مبرر للعنف الذي يُعامل به الإخوان المسلمون في السجون، وأعتقد أن كل إنسان لابد أن يحاكم وفقاً للقانون وأن تكون هناك قضية يحاكم عليها. ولا خلاف على ذلك".

وعن تعرضهم للتعذيب في عهد عبد الناصر والسادات يقول:

"لماذا نذكر عبد الناصر والسادات فقط؟ هناك أيضاً إبراهيم عبد الهادي والملك فاروق ومصطفى النحاس وغيرهم، كل هؤلاء طبقوا

إجراءات استثنائية ضد ''الإخوان المسلمون'' بشكل أو بآخر. ورغم أنني ضد الإجراءات الاستثنائية إلا أنني يجب أن أضع نفسي مكان الدولة، لأعرف ماذا دعا صاحب القرار للتصرف على هذا النحو، وبخاصة أنه ليس صانع قرار واحد لكن كل من حكم مصر تصادم مع الإخوان''.

''المشكلة أن التيار الإسلامي لا يملك فكراً لأنه يقول ''الإسلام هو الحل''، والحل أن يعمل الإنسان فكره على قاعدته الحضارية وأن يعمل تقاليده ومواريثه الحضارية''.

"الأستاذ" مراوغاً!

في كلام هيكل عن هذه المرحلة من تاريخ الحركة الإسلامية تظهر المراوغة الشديدة التي يتسم بها خطابه، فـ **"الأستاذ"** العليم ببواطن الأمور القريب من خزائن الأسرار – كما يحب دائماً أن يوحي لقارئه – ينظر باستغراب شديد إلى صدور قرار حل الإخوان أثناء حرب فلسطين التي

أبلوا فيها بلاء حسناً ــ حسب تعبيره هو ــ لكنه يعود فيصدم قارئه بقوله إن الإخوان حاولوا الوصول للسلطة قبل يوليو 52 بالدعوة حينا وبالعنف حينا وأرادوا أن يدخلوا للسلطة من باب **"ثورة يوليو".**

فحقيقة الأمر أن خطأ الإخوان الأكبر هو في موقفهم من السلطة، إذ لم يحسموا في الوقت المناسب ما إذا كانوا يريدون الوصول إليها أم لا.

ومن المهم أيضاً إيضاح حقيقة أن النظام الذي تمكن 74 ضابطا بالجيش من تغييره لم يكن تغييره مستحيلا بالنسبة لجماعة بها أربعة آلاف شعبة (عام 1946) يبلغ أعضاء مكاتب إرشادها 48 ألف عضو، وقد كانت هذه الجماعة التي أبلت بلاء حسناً في حرب فلسطين في مواجهة

العصابات الصهيونية قادرة على التسليح والتدريب والحشد أن تستولي على السلطة لو قررت ذلك.

لكن من الإنصاف أن نحكم على مدى صحة قرار الجماعة في إطار الظرف التاريخي الذي كانت تعيشه ودرجة النضج السياسي الذي كانت تتمتع به وهي لم تكمل بعد عشرين عاماً من عمرها.

وإذا افترضنا جدلاً أن ما يقوله هيكل صحيح.

فلماذا عصف الضباط بالوفد والشيوعيين وغيرهم من القوى السياسية؟

بل لماذا فتك ضباطها ببعضهم بعضاً في حرب طويلة امتدت من 1954 إلى 1968؟

هل كان هؤلاء جميعاً "**إخواناً مسلمين**" فشلوا – سلماً أو عنفاً – في الوصول للسلطة وأرادوا الدخول إليها من بابها الشرعي الوحيد: جمال عبد الناصر؟

ونأتي إلى كلام هيكل عن حادث المنشية، وإذا تجاوزنا الشبهات العديدة التي تثار حول حقيقة هذا الحادث فإنه لا ليس من الصواب النظر إليه على خلفية صدامات سبقت بين الإخوان وحكومات ما قبل انقلاب يوليو 52.

فهل كان خطأ الحكومات السابقة مبرراً لأن يرتكب عبد الناصر الخطأ نفسه بقدر أفدح وبصورة أبشع؟

إن الخطأ في حدود علمي لا يبرر الخطأ، كما أن القول بأن اصطدام الإخوان بالسلطة ليس

جديداً لا يدخل في باب التفسير ولا التبرير وإنما يدخل في باب المراوغة، فهو يهرب من عبء تقييم الخطأ بشكل معياري.

ويفجر هيكل ما أعتبره المفاجأة الكبرى بتصريحه بأن سبب الصدام اقتناع الإخوان بأن **"الإسلام هو الحل".**

فما دلالة تجريمه القول بأن الإسلام هو الحل؟

وما دلالة إضفاء المشروعية ــ ضمنياً ــ على هذا التجريم؟

وخصوصا أن **"الأستاذ"** يضيف بعد ذلك أنه لا يرى استبعاد الدين ويعتمد العقل. فإذا كان للدين دور

فلماذا يحتكر هيكل ـ أو غيره ـ حق تحديد مساحة هذا الدور؟

ولماذا يضفي المشروعية على تجريم اجتهادات الإخوان؟

ما لم يكن الحديث عن عدم استبعاد الدين واجهة لتبرير تهميشه وإدخاله دائرة الاستخدام النفعي.

وسريعاً يرتد هيكل إلى المراوغة ويتحدث عن أسباب اتخاذ الدولة هذه الإجراءات، ويبدو كأنه يقول إن تكرر حدوث هذا الموقف قبل يوليو 1952 يبرر تكرره بعده، وبالطبع فإن تكرر حدوث الخطأ لا يضفي عليه أية مشروعية.

التمثيل بجثة السادات

في كتابه المثير للجدل **"خريف الغضب"** أفرد هيكل فصلاً طويلاً (من صفحة 245 إلى صفحة 304) ركز فيه على وجود تحالف بين السادات وما أسماه **"قوى اليمين الديني"**، ووضع في سلة هذه القوى مشيخة الأزهر نفسها.

ويلمح هيكل في الكتاب بشكل غير مبرر إلى أن انتماء الشهيد حسن البنا وعثمان أحمد عثمان إلى مدينة واحدة "**الإسماعيلية**" يعني نوعاً من الارتباط بينهما بوصفه زواجاً سياسياً بين اثنين من قوى اليمين. ولم يفت هيكل أن يشير إلى عدم وجود برنامج لدى "**الإخوان المسلمين**"، وهو مطعن قديم/ جديد سوف نتعرض له في سياق آخر.

لكن هيكل في كتابه ينفي عن فكر الأجيال اللاحقة من الحركة الإسلامية صفة الانتماء للسياق الفكري المحلي فينسب كل ما طرأ من أفكار إلى الأفكار المستوردة من أبي الأعلى المودودي الباكستاني "**الحرفي**" "**المتشدد**" كما يظهر في كتابه.

وقد كان السبب الحقيقي لموقف هيكل وغيره من العلمانيين التوفيقيين من أبي الأعلى

المودودي أنه يرفض النهج التوفيقي رفضا تاماً وليس كونه خارجا عن السياق الفكري **"الإسلامي المستنير"** كما يسمونه.

وتعد معالجة هيكل لقضية التنظيم الذي سمي **"تنظيم التكفير والهجرة"** نموذجاً جيداً لما فعله بهذه الحقبة من تاريخ مصر التي أعاد تشكيلها بغرض تصفية حسابه الشخصي مع السادات. فهذا التنظيم حسب هيكل:

"نذير خطر لما يمكن أن يصيب المجتمع من الإسلام السياسي".

ولو أجهد الرجل ذاكرته قليلاً لتذكر موقفاً رسمياً أزهرياً أرجع ظهور التنظيم إلى استيلاء جماعات لا تؤمن بالإسلام على السلطة. وبينما كان عنف الجائعين في نظر هيكل بطولة كان

عنف الثائرين دفاعاً عن عقيدتهم – وإن أخطأوا الطريق – جريمة لا تغتفر. وبشكل عام توجد مطاعن عديدة على هذا الكتاب **"خريف الغضب"** تجعل استبعاده من دائرة التقييم أفضل من مناقشته، فالتمثيل بجثة السادات أمر يخص هيكل وحده.

وقد كتب هيكل في مقال يوميوري تشمبيون المشار إليه في البداية أن ذهاب السادات للقدس "لم **يدخل بمنطقة الشرق الأوسط إلى عالم السلام وإنما قاد إلى فوضى شاملة لا تزال منطقة الشرق الأوسط في دوارها، وبين ظواهر الدوار نمو الأصولية الإسلامية التي تقدم نفسها حبل نجاة لأمة دفعت إلى المنحدر بدون حذر، المد الإسلامي إذن ليس علامة صحة بل إحدى ظواهر الدوار"**.!

وأخشى أن يكون دوراً فكرياً لا يشعر به إلا
العلمانيون!

هيكل والإسلاميون   ممدوح الشيخ

هل الاستشهاد يأس؟

طرحت المقاومة الإسلامية في لبنان وفلسطين على العقل العربي تحدياً كبيراً، من حيث قدرتها على تحقيق نجاح كبير في التوفيق بين عوامل عديدة، كان يبدو التوفيق بينها مستحيلاً.

ويعد منهج العمليات الاستشهادية أهم هذه التحديات لكونها تجاوزت الإطار الرمزي الذي

نظر إليها البعض من خلاله لتصبح سلاحاً فعالاً في مواجهة عدو مدجج تمكن من قهر النخبتين السياسية والثقافية. وفي محاولته الهرب من هذه الحقيقة يقول هيكل في حواره المشار إليه مع جريدة "**العالم اليوم**" المصرية:

"إن قتل حسن البنا أوحى للإخوان فكرة الشهادة"!

وهي عبارة لا تحتاج إلى تعليق، فعبر أربعة عشر قرناً لم يكن في الإسلام ما يوحي للإخوان بما يسمى "**فكرة الشهادة**"، بل إن حرب فلسطين التي ذكرها هيكل في هذا الحوار قبل سطور قليلة كانت تعني بالضرورة الاستعداد للشهادة، ما لم يكن مفهوم الحرب في عقل الأستاذ هيكل مختلفاً، حيث الموت وارد دائماً. وما دام الإخوان يجاهدون

في سبيل الله – على الأقل حسب تصورهم هم أنفسهم – فإن ما يسميه هيكل **"فكرة الشهادة"** تصبح معروفة لديهم على الأقل قبل مقتل البنا بعام أو عامين ولم يتعلموها من مقتله!

ورغبة في تفريغ هذا الفعل من معناه المقدس يقول هيكل عن العمليات الاستشهادية التي تقوم بها المقاومة الإسلامية في لبنان وفلسطين[5]:

"أنا أتكلم هنا عن إنسان دفع إلى مرحلة اليأس دفعاً وتصرَّف وأعطى حياته من أجل هدف بعينه. . . .قد لا أوافق على ما فعله لكنني مرة أخرى لا أستطيع إلا أن أقف باحترام أمام تضحيته بنفسه دفاعا عن الهدف. . . . وليسمح لي كل من وصفوا هنا هذا العمل بأنه طائش أو مجنون أن أقول لهم إنكم مخطئون. . . إن أغلى

شيء على الإنسان حياته وعندما يعي الإنسان حياته لهدف فهذا عمل لا يمكن أن يكون مقابل ثمن أو مكافأة. . .بقي أن أقول إنني لا أستطيع أن أحكم عليه بمعيار أن ما ارتكبه جريمة، أنا أتصور أنه أخطأ التقدير، لكن عمل عملاً إنسانيا قدم خلاله حياته لهدف يؤمن به".

فإذا كان المد الإسلامي دواراً

وإذا كان الاستشهاد خطأ في تقدير "الأستاذ".

وإذا كان يراه يأساً، ورغم ذلك ينحني احتراما لهذا اليأس.

فإن موقف "الأستاذ" من الإسلاميين موقف زئبقي، ومن العبث أن نحاول الإمساك بالزئبق.

هوامش

(*) نشرت في جريدة "الشرق" القطرية ضمن ملف عنوانه: "هيكل الحقيقة . . والأسطورة" عدد 28 / 12 / 1998 — ص 5. والنص المنشور شابته أخطاء مطبعية تم تصحيحها كما خضع لعملية تنقيح محدودة وأضيفت بعض العناوين الجانبية.

(1) بدأ هذا الاتجاه في الثلاثينات من القرن الماضي بالمراجعة الفكرية التي قام بها الدكتور محمد حسين

هيكل السياسي المفكر الروائي المرموق وتجددت الظاهرة بدءا من عقد السبعينات لتشمل إلى جانب الأسماء الوارد ذكرها كلا من: الأستاذ خالد محمد خالد والأستاذ عادل حسين والأستاذة صافي ناز كاظم وغيرهم كثيرون وحتى الآن لم تحظ الظاهرة ــ رغم أهميتها ــ بدراسات عميقة تتناسب مع ما تمثله في تاريخنا الثقافي.

[2] جريدة العالم اليوم ــ مصر ــ 23 / 7 / 1997.

[3] أتاتورك ــ جورباتشوف ــ السادات: لماذا تتحول الأحلام إلى نوع من الفوضى؟ ــ محمد حسنين هيكل ــ مقال ــ جريدة الأسبوع القاهرية ــ 17 ــ 2 ــ 1997 ــ نقلا عن جريدة يوميوري تشيمبيون اليابانية.

[4] حوار منشور في: جريدة العالم اليوم ــ مصر ــ 23 / 7 / 1997.

[5] حوار أجرته معه جريدة الأسبوع المصرية ــ 24 / 3 / 1997.